Le Best of des lois les plus bizarres dans le monde entier

Dans la même collection
(extrait)

Le Dico des injures oubliées, Librio n° 1028
Bourgs et Calembourgs, Librio n° 1126
Avant j'avais une vie, maintenant j'ai des enfants, Librio n° 1136

Marc Hillman

Le Best of des lois les plus bizarres

dans le monde entier

Librio

Inédit

Préface

À travers le monde subsistent encore une multitude de règlements absurdes, d'interdictions farfelues et de lois archaïques (mention spéciale aux États-Unis, qui semblent être les spécialistes en la matière).

Vous resterez étonnés et souvent incrédules en découvrant certaines de ces règles, censées régir les tenues vestimentaires, l'alimentation, la façon de circuler, et sans doute leur lecture vous laissera… interdits… Pourtant, elles sont toutes véridiques.

Bienvenue dans cet étonnant voyage au pays des interdictions : un véritable tour du monde à la découverte de règlements où le loufoque se mêle à l'absurde, où l'insolite flirte avec l'incroyable !

Sommaire

Vie domestique

En Suisse

Il est illégal, en appartement, de tirer la chasse d'eau ou de prendre une douche après 22 heures.

En France

Tout le monde doit avoir une botte de foin chez soi, au cas où le roi viendrait à passer à cheval…

Si l'une de vos poules s'échappe de votre poulailler et fuit jusqu'à celui de votre voisin, ce dernier en devient le propriétaire. Les œufs pondus à partir de ce moment lui appartiendront, à moins que vous ne prouviez que l'animal a été attiré par une manœuvre frauduleuse et malhonnête.

À **Paris**, la mairie est habilitée à faire payer des amendes aux citoyens qui ont l'indélicatesse de jeter leurs sacs-poubelle dans les vide-ordures de l'immeuble voisin. Près d'une centaine de contrôleurs ont même la tâche de faire respecter cette règle.

En Écosse

Si une personne frappe à votre porte et qu'elle a besoin d'aller aux toilettes, vous devez la laisser entrer et utiliser les vôtres.

Au Royaume-Uni

Un lit ne peut être suspendu par la fenêtre.

DANS LE MASSACHUSETTS

Jusqu'à ce que toutes les fenêtres soient verrouillées, il est strictement interdit de ronfler.

DANS L'ALABAMA

Vous ne pouvez jouer aux dominos le dimanche.

EN CALIFORNIE

Il est illégal de faire des escargots, des paresseux ou des éléphants vos animaux de compagnie… Mais aucun problème pour le porc !

Il y a quelques années, à **Los Angeles**, il était légal de cuisiner dans sa chambre, mais pas de dormir dans sa cuisine !

À **Prunedale**, deux baignoires ne peuvent être installées dans la même maison.

À NEW YORK

La ville a beau être un haut lieu de l'art théâtral, il est illicite de présenter un spectacle de marionnettes à ses fenêtres !

AU TEXAS

L'ensemble de l'*Encyclopedia Britannica* est interdit au public, parce qu'elle contient une formule pour fabriquer de la bière chez soi.

DANS L'INDIANA

À **Gary,** vous ne pouvez consommer de l'ail moins de quatre heures avant vos sorties nocturnes !

EN PENNSYLVANIE

À **Altoona**, si vous faites appel à une baby-sitter, il lui sera interdit de dévaliser votre réfrigérateur.

À CUBA

L'utilisation, la vente et l'importation d'ampoules incandescentes sont interdites depuis 2005. Les habitants sont de ce fait tenus de les remplacer par des LFC (lampes fluorescentes compactes). L'Argentine a par ailleurs suivi cet exemple en 2010.

Au Royaume-Uni

Un individu souhaitant acheter un téléviseur doit au préalable se procurer une licence.

Médias

En France

Entre 8 heures et 20 heures, 70 % des musiques diffusées sur les chaînes de radio doivent être celles d'artistes français. Il suffit pourtant d'être à l'écoute pour constater que cette règle n'est hélas ! guère respectée.

Aux États-Unis

Une liste appelée *Seven Dirty Words* répertorie des mots interdits à l'antenne aux **États-Unis**. Elle fut établie dans les années 1970 par la Cour suprême, à la suite d'un sketch de l'humoriste George Carlin. Si l'un d'eux est prononcé dans un programme, il est alors remplacé par le fameux « bip » de censure lors de la diffusion. Ces sept mots sont : *shit*, *piss*, *motherfucker*, *cocksucker*, *fuck*, *cunt* et *tits*.
À noter que ce n'est pas une liste officielle. D'autres mots sont donc également censurés.
Des horaires sont à respecter : aucun mot vulgaire ne doit être prononcé à l'antenne entre 6 heures et 22 heures.

Le film *Paris, Texas* de Wim Wenders a été interdit à sa sortie dans la ville de... **Paris**, au **Texas** !

Dans le Mississippi

Les revues *Playboy* et *Penthouse* sont interdites à la vente dans le comté de **Clay**

Au Danemark

On ne peut repeindre une maison sans un permis délivré par les autorités locales.

En Floride

Vous devez obtenir une autorisation de la police pour installer un système d'alarme à titre privé à **Pinecrest**.

EN CALIFORNIE

À **San Luis Obispo**, il est interdit d'uriner dans son propre jardin.

AU QUÉBEC

À **Beaconsfield**, l'application de plus de deux couleurs de peinture sur les murs extérieurs de sa maison est considérée comme un délit.

DANS LE MICHIGAN

Un cambrioleur qui se blesse chez vous alors qu'il est en train de faire main basse sur votre mobilier ou vos bijoux a le droit de vous poursuivre en justice !

Ordre public et bonnes mœurs

En France

À **Paris**, une poubelle est considérée comme une arme mortelle !
Il en va de même d'un cendrier – peut-être parce que c'est un moyen de se faire « des cendres » ?

Il est illégal de prendre des photos de policiers ou de véhicules de police, même s'ils apparaissent seulement à l'arrière-plan.

Aucun propriétaire de cochon n'a le droit de nommer sa bête « Napoléon ».

Il est interdit de s'embrasser sur des rails.

Dans son édition du 28 octobre 1954, le quotidien *L'Aurore* rapporte qu'à la suite de nombreuses observations d'OVNI, le maire de **Châteauneuf-du-Pape** a pris un arrêté municipal dont les principales dispositions stipulent que :
« Art. premier. Le survol, l'atterrissage et le décollage d'aéronefs dits soucoupes volantes ou cigares volants, de quelque nationalité que ce soit, sont interdits sur le territoire de la commune.
Art 2. Tout engin de ce type qui atterrira sur le territoire de la commune, sera immédiatement mis en fourrière.
Art 3. Le garde champêtre et le garde particulier sont chargés, chacun en ce qui le concerne, de l'exécution du présent arrêté. »

Au Royaume-Uni

Une femme enceinte peut uriner où bon lui semble, y compris dans le casque d'un *bobby* (policier) si elle en fait la demande !

Il est illégal de boire si l'on possède une vache.

Il est interdit, depuis le règne d'Édouard II (XIVe siècle), de mourir au Parlement, « sous peine d'être arrêté ». Ce lieu est en effet considéré comme un palais royal.
Malgré tout, qui y meurt a droit à des funérailles d'État ! Pour éviter ce genre de situations rocambolesques, toute personne présentant le moindre signe de faiblesse est immédiatement évacuée.
D'après un sondage effectué en Grande-Bretagne, 27 % des Anglais interrogés considèreraient que cette loi est la plus absurde du royaume !

Et en deuxième position, les sondés ont désigné celle qui suit :
Il est formellement interdit de coller un timbre à l'effigie de la reine, à l'envers sur une enveloppe : ce serait assimilé à un acte de haute trahison…

Depuis 1313, les députés ne sont pas autorisés à revêtir une armure au Parlement.

Un homme peut uriner en public, mais uniquement sur la roue arrière d'un véhicule motorisé, sur lequel il aura préalablement posé sa main droite.

Il n'est légal de tuer un Écossais dans l'enceinte de l'ancienne ville d'**York** que si celui-ci porte un arc et des flèches.

Il est défendu d'être ivre dans un *pub* !

Il est interdit de s'embrasser sur le quai d'une gare, afin d'éviter de causer un retard de train !

On ne peut conduire une vache sur les routes entre 10 heures et 19 heures, à moins d'en avoir obtenu l'autorisation du commissaire de police.

Un taxi de la *City* ne peut transporter ni chien enragé, ni cadavre.

Un enfant de moins de 10 ans n'est pas autorisé à voir un mannequin nu.

Il est illégal de laisser ses bagages sans surveillance.

Ramasser un bagage abandonné est considéré comme un acte de terrorisme.

Une association de familles a demandé l'interdiction du cocktail « Knifey Moloko » dans les bars, sous prétexte que le sinistre héros du film *Orange Mécanique* de Stanley Kubrick terrorisait ses victimes après avoir consommé ce breuvage à base de psychotropes : « Ce cocktail incite à la violence ».
Il peut sembler curieux qu'elle n'ait pas demandé l'interdiction du film lui-même…

Bas les masques

En Allemagne
Il est illégal de porter un masque de déguisement, en particulier dans les manifestations de rue. Tout individu doit en effet rester identifiable. Notons que le Canada a récemment adopté une loi similaire, menaçant tout manifestant masqué d'une peine d'emprisonnement de dix ans.

En Arizona
Les masques de déguisement rouges sont proscrits. Cette interdiction remonte à l'époque de la conquête de l'Ouest, et fait certainement référence aux tribus d'Indiens surnommées les « Peaux-Rouges ».

Dans le Nevada

À **Elko**, le port du masque sanitaire est obligatoire dans les rues de la ville. Cette réglementation fait suite à une pandémie de grippe intervenue en 1918-1919.

En Italie

À **Vigevano**, vous ne pouvez vous asseoir à l'ombre d'un monument.

À **Eraclea**, il est illégal de construire des châteaux de sable.

À **Milan**, une loi impose de sourire en toutes circonstances, excepté lors d'obsèques et autres visites à l'hôpital.

À **Venise**, il est interdit de nourrir les pigeons de la ville, afin de préserver les bâtiments historiques.
En revanche, nourrir les rats en laissant sa poubelle en pleine rue semble toléré…

Dans plusieurs villes italiennes, notamment à **Gênes** ou à **San Remo**, il est défendu d'utiliser son balcon comme débarras s'il est visible depuis la voie publique. On a ainsi jugé inesthétique d'exposer des objets tels que des chaussures, des vêtements, de la literie ou encore des tapis à la vue des passants.
Notons qu'en France aussi, l'étendage du linge sur les balcons est soumis aux règlements privés et publics en vigueur.
Étendre du linge aux fenêtres peut être aussi interdit par arrêté municipal, d'autant qu'un drap ou une nappe qui tomberait sur la voie ou sur le pare-brise d'un véhicule pourrait provoquer un accident.

Seulement à la plage !

À Barcelone

Il est interdit de déambuler sur la voie publique en simple tenue de natation.

À Santa Monica

Vous ne pouvez pas jouer d'instrument à percussion sur la plage.

En Grèce

On ne doit pas porter de chapeau dans le stade olympique d'**Athènes**, car cela pourrait gêner la vue des autres spectateurs.

De même, à **Gary** (Indiana), ainsi que dans le **Wyoming**, un gérant de théâtre ou de cinéma encourt une amende s'il autorise les spectateurs à conserver leur chapeau.

Au Danemark

Ne pas rapporter le décès d'une personne est passible d'une amende.

Un prince ou une princesse qui se marie sans le consentement du gouvernement voit ses enfants, ainsi que tous ses descendants à venir, privés du droit de succession.

Bien que la prostitution soit légale, il est illégal d'utiliser les services d'une prostituée.

Aux Pays-Bas

Il est légal d'acheter et de fumer du cannabis, mais illégal d'en posséder plus de 5 grammes sur soi.

Puisque la prostitution est légale, les prostituées doivent payer des impôts comme n'importe quel autre contribuable.

À Singapour

Vous ne pouvez uriner dans les ascenseurs.

Il est illégal de transporter du Durian (fruit très odorant) dans le métro.

Il est également interdit de mâcher du chewing-gum. Le gouvernement en a interdit la vente après avoir constaté une quantité croissante de gommes coincées dans les stations de métro ou sur les voitures, et devenues difficiles à décoller ! Toutefois, dans le cadre de l'accord de libre-échange avec les États-Unis, la loi a été assouplie en 2004. Désormais, les gommes à mâcher présentant des effets thérapeutiques sont autorisées. Les personnes souhaitant améliorer leur hygiène buccale pourront obtenir une ordonnance médicale afin de se procurer cette substance en toute légalité.

Une personne coupable d'avoir jeté des déchets sur les trottoirs à trois reprises doit nettoyer les rues en portant un dossard comportant la mention « Je suis un dégoûtant » ! Il faut croire que le risque d'une telle humiliation publique est dissuasif : Singapour est l'un des pays les plus propres de toute l'Asie !

En Thaïlande

Il est interdit de marcher sur une pièce de monnaie. Celles-ci sont en effet à l'effigie du souverain : marcher dessus serait fouler aux pieds le roi lui-même.

En Californie

Pas question de faire sauter une bombe atomique dans les limites de la ville de **Chico**... Mais est-ce autorisé en périphérie ?

Les juges du comté de **Los Angeles** interdisent aux témoins de pleurer lors de leurs dépositions.

Il vous sera demandé un permis de chasse pour monter un piège à souris !

À San Francisco

Il est illégal de nourrir les pigeons dans les rues. Les citoyens sont même encouragés à signaler les départs de ces volatiles à la police. La ville accuse ces oiseaux omniprésents d'être des agents de propagation des maladies. Autant dire que cette loi est rarement appliquée par les amis de ces oiseaux, qui courent le risque de se faire plumer.

Les autorités de **San Diego** punissent d'une amende de 250 dollars les habitants ayant laissé leurs décorations extérieures de Noël après le 2 février. Dans l'État du **Maine,** la loi est encore plus stricte puisqu'il faut les avoir débarrassées avant le 14 janvier.

En Alabama

Il est interdit de porter une fausse moustache à l'église.

Il est illégal de mettre du sel sur une voie ferrée.

Le comté de **Lee** n'autorise pas la vente de cacahuètes le mercredi soir.

En Arizona

À **Tombstone,** vous n'avez pas le droit d'arborer un sourire s'il vous manque plus d'une dent.

Dans l'Illinois

Il est interdit aux personnes malades, laides ou difformes de sortir dans **Chicago**.

Il est défendu de pêcher en pyjama.

Vous n'avez pas le droit de prononcer de façon erronée le nom « Joliet » dans la ville de **Joliet**.

Il est interdit de parler anglais (la langue officielle étant l'américain...).

Vous pouvez être arrêté pour vagabondage si vous n'avez pas au moins un billet d'un dollar sur vous.

En Allemagne

Un oreiller peut être considéré comme une arme de type passif !

Dans l'Idaho

À **Pocatello**, il est illégal de cacher une arme sur soi, à moins d'en porter une autre, identique et visible.

Est interdit tout acte ou parole (grimaces, gestes, injures, etc.) qui pourrait nuire à la réputation des habitants.

Dans le Mississippi

Qui ose se moquer de l'architecture des bâtiments publics est passible de poursuites.

Dans le Nevada

À **Nyala**, il est interdit d'offrir une tournée dans un bar à plus de deux personnes.

En Géorgie

Il est défendu de créer ou de répandre une rumeur.

Au Nouveau-Mexique

L'État a exigé la suppression, dans *Roméo et Juliette*, de 400 mots jugés « explicites » et susceptibles de choquer les spectateurs.

Dans l'Utah

Dans le comté de **Salt Lake,** il est illégal de transporter un violon dans un sac en papier.

Ne pas rapporter un livre emprunté dans l'une des bibliothèques municipales de **Salt Lake City** est passible d'un mois d'emprisonnement.

En Pennsylvanie

À **Devon**, il est interdit de fabriquer des meubles si vous êtes dénudé…

En Caroline du Nord

Les autorités de **Thomasville** interdisent aux avions de survoler la ville le dimanche entre 11 heures et 13 heures.

Dans le Delaware

Ronfler dans un avion est contraire à la loi.

Dans le Kansas

Vous n'avez pas le droit de lancer un couteau sur les personnes portant un tee-shirt à rayures.

Dans l'État de Washington

Si vous souhaitez commettre un délit, il faut en avertir vos futures victimes par écrit 24 heures à l'avance.

À **Seattle,** vous ne pouvez vous déplacer avec une arme mesurant plus d'1,80 mètres.

En Louisiane

Vous pouvez mordre une personne en toute impunité, sauf si vous avez agi avec de fausses dents ! (Vous aurez alors le « mon dentier » contre vous.)

En Géorgie

Il est formellement interdit d'attacher sa girafe à un lampadaire ! Les autorités redoutent certainement un « cou monté »…

À **Kennesaw**, dans la banlieue d'Atlanta, il est exigé, depuis maintenant trente ans, que tous les ménages possèdent au moins une arme à feu.

Dans l'Indiana

Durant les années 1950, tout ce qui avait trait de près ou de loin à Robin des Bois était proscrit. On estimait que le message véhiculé par ce hors-la-loi relevait de l'idéologie communiste.

Dans le Massachusetts

Il est contraire à la loi de se battre en duel à coups de pistolets à eau.

À **Cambridge**, on ne peut jeter les pelures d'une orange sur le trottoir.

Dans le Kentucky

Chaque citoyen est tenu de prendre une douche au moins une fois par an.

Dans l'ambiance hippie écervelée de la fin des années 1960, la ville de **Youngstown** a brièvement connu une loi interdisant de marcher pieds nus à travers la ville…

DANS LE MISSOURI

À **Belton,** il est interdit de lancer des boules de neige, même contre un arbre.

DANS L'ÉTAT DE NEW YORK

Sauter depuis le toit d'un gratte-ciel est passible de la peine de mort. *No comment.*

DANS L'IOWA

La passion des armes ne souffre aucune discrimination. L'État délivre en effet des permis de port d'armes aux aveugles depuis 2011. « Quand vous utilisez un pistolet, vous le sortez, le pointez devant vous et vous tirez », explique le porte-parole de l'association de soutien aux personnes handicapés. « Je ne pense pas que la vue soit absolument nécessaire pour cela. » En revanche, il reste interdit aux non-voyants de conduire une automobile…

EN VIRGINIE

Dans le comté de **Fairfax**, vous ne pouvez utiliser un bâton de pogo à bord des autobus de la ville. [Le **bâton sauteur** (ou ***pogo stick***) est une perche sur laquelle une personne peut se tenir debout, comme une échasse, comprenant à son extrémité supérieure des poignées et à son extrémité inférieure un dispositif à ressort ou à air comprimé permettant des rebonds sur le sol.]

DANS LE MAINE

La loi vous interdit de marcher dans la rue si vos lacets sont défaits… Il en va de même au **Québec**.

DANS LE CONNECTICUT

Il est interdit de jeter ses lames de rasoir usagées.

AU CANADA

La loi habilite les caissiers à refuser de la petite monnaie en quantités excessives. Même avec quelques centimes, les paiements des clients peuvent être rejetés s'ils essaient d'utiliser plus de 25 pièces d'un cent à la fois.

Au Kazakhstan

Vous vouliez prendre un dernier cliché de votre famille à l'aéroport avant de monter dans l'avion ? C'est raté : dans ce pays, toute photographie prise dans les environs des aéroports est considérée comme illégale, de même que celles de bâtiments militaires et officiels…

Des histoires belges qui, pour une fois, ne prêtent pas à rire.

Depuis le début de l'année 2014, dans certaines municipalités **belges**, jeter des confettis, secouer les tapis par la fenêtre, s'affaler sur un banc public ou encore lancer des boules de neige au visage est prohibé. Ces incivilités mineures sont désormais punies par la loi et donnent lieu à des amendes salées pouvant atteindre 125 euros.

Parfois les interdictions dépassent l'entendement : il est également interdit de jouer faux si l'on est musicien, de transporter des personnes atteintes d'une maladie contagieuse, de faire la queue devant une cabine téléphonique, ou de jouer au volley sur un terrain de foot !

À l'origine, la ministre de l'Intérieur voulait simplement sanctionner quelques comportements gênants, comme l'abandon de détritus dans la rue, le squat dans les entrées d'immeubles ou le stationnement des voitures en double file. Une grande majorité de la population avait d'emblée approuvé ce projet pourtant liberticide.

Mais cette politique a dérapé lorsque les fauteurs de trouble ont pu être punis dès l'âge de 14 ans : la loi anti-incivilité s'est alors transformée en loi anti-jeunes, entraînant un vaste mouvement de protestation. Des mouvements de jeunes, des avocats, des syndicats et pas moins de 213 associations ont protesté par la publication d'une lettre ouverte aux députés qualifiant cette loi de « stigmatisante ».

On attend de savoir si leurs cris d'orfraie seront entendus et si les autorités consentiront à lâcher du lest…

En France

Il est interdit de cracher dans la rue.

Dans le Michigan

À **Hancock**, un homme n'est pas autorisé à danser en sous-vêtements dans une laverie automatique ! Un règlement certainement lié à une situation particulière qui en a justifié l'adoption, mais curieusement, l'interdiction n'a pas été étendue aux femmes…

Automobiles et circulation

EN FRANCE

Apposer une affiche « À vendre » sur son véhicule est tout bonnement interdit ! Il faut en demander l'autorisation au préalable à la mairie, comme pour n'importe quelle vente sur la voie publique. Bien que rarement sanctionnée, cette pratique est passible d'une amende de 750 euros.

Un taxi est en droit de refuser de transporter un chien, sauf s'il s'agit d'un chien d'aveugle : une fois n'est pas coutume, place au bon sens.

Il est interdit de téléphoner dans une station essence, et *a fortiori* à la pompe, bien qu'il n'ait jamais été prouvé que les téléphones puissent être à l'origine d'incendies. C'est donc à titre purement préventif que cette interdiction existe.

Démarrage

AU DANEMARK

Avant le démarrage, vous devez vérifier que personne ne se trouve sous votre voiture. Cette interdiction apparemment farfelue s'explique par le souci de vérifier que des enfants ne sont pas endormis sous un véhicule : intention louable. Vous êtes également tenu de vérifier les phares, les freins, la direction et le Klaxon.

Les phares d'un véhicule doivent rester allumés dès qu'il est en mouvement, afin de le distinguer des voitures garées.

Lorsque vous démarrez, il faut qu'une personne située à l'extérieur du véhicule agite un drapeau pour avertir les calèches qu'une automobile arrive… C'est qu'on ne sait jamais, de nos jours…

En Allemagne

Les automobilistes ont l'interdiction formelle d'avoir une panne d'essence sur l'autoroute. Un véritable casse-tête qui défie le bon sens, et met « l'essence » en émoi…

En Belgique

À un carrefour, un conducteur qui souhaite tourner à gauche peut couper la route aux véhicules venant en sens inverse, à moins qu'il ne ralentisse ou s'arrête.

En Suisse

Vous ne pouvez pas laver votre voiture le dimanche.

Il est demandé aux automobilistes dont la voiture est équipée de pneus neige d'apposer un autocollant sur leur tableau de bord. Celui-ci spécifie qu'il est interdit de rouler, avec de tels pneus, à plus de 160 km/h.

Si vous oubliez vos clés de voiture à l'intérieur du véhicule, et que vous laissez la porte ouverte, vous serez punis !

Au Luxembourg

Tous les véhicules doivent être équipés d'essuie-glaces…

En Finlande

Les chauffeurs de taxi doivent payer des redevances s'ils jouent de la musique au volant.

Au Canada

Dans la province de l'**Alberta**, un cycliste qui souhaite tourner doit tendre le bras pour le signaler aux automobilistes, mais il a aussi l'obligation de garder, en permanence, les deux mains sur le guidon ! La quadrature du cercle… vicieux.

La loi fédérale stipule, sans craindre le ridicule, que personne ne peut sortir d'un avion en vol.

EN ALASKA

Il est interdit d'attacher son chien sur la galerie de toit… au cas où certains y auraient pensé. Cela semble évident mais il est probable que c'est à la suite d'un incident que cette loi a été adoptée…

EN ARIZONA

Il est interdit de conduire en marche arrière dans la ville de **Glendale**…

DANS LE KANSAS

À **Lang,** il est illégal de descendre la grand-rue à dos de mule au mois d'août, sauf si celle-ci porte un chapeau.

Si deux trains empruntent la même voie, aucun d'eux ne doit avancer tant que l'autre n'est pas passé. Il en va de même au Texas.

À SAN FRANCISCO

Il est contraire à la loi de nettoyer sa voiture avec des sous-vêtements usagés.

À MINNEAPOLIS

Conduire un camion dont les pneus sont sales est considéré comme une nuisance publique.

À DENVER

Ne vous avisez pas de louer une voiture de couleur noire, car le dimanche, vous serez arrêté avant d'avoir fait un mètre. Les autres jours de la semaine, aucun problème. Peut-être que le noir, associé au deuil, détonne avec le blanc, couleur des jours de fête comme le dimanche…

À NEW YORK

Il est illégal de klaxonner. Prenez garde, ou vous courrez le risque de payer une amende de 350 dollars.

En Alabama

Il est rigoureusement interdit de conduire une voiture les yeux bandés.

Un véhicule sans conducteur ne doit jamais excéder 80 km/h. Incompréhensible pour un esprit cartésien.

En Nouvelle-Angleterre

Dans le **Connecticut**, la vitesse des camions de pompiers est limitée à 40 km/h, même en cas d'incendie !

Vous pouvez être arrêté par la police si vous roulez à vélo à plus de 65 mph (105 km/h). Cela dit, si vous roulez à cette vitesse, vous devriez sans tarder vous porter candidat pour la sélection au Tour de France !

En Louisiane

À **La Nouvelle-Orléans**, les camions de pompiers ont l'obligation de s'arrêter à tous les feux rouges : il n'y a pas le feu, après tout…

Dans le Montana

Il est interdit de laisser une chèvre dans un camion sans surveillance.

Dans le Missouri

Il est défendu de toucher le Klaxon de la voiture de quelqu'un d'autre.

Dans le Massachusetts

Il est illégal de conduire avec un gorille à son côté.

Dans le Kansas

Une loi exige que les piétons traversant une route de nuit portent un feu arrière qui permette de les repérer.

Au Québec

À **Montréal**, vous ne pouvez garer votre automobile sur une place qui bloquerait votre propre entrée de garage.

La mention « À vendre » inscrite sur une affiche n'est pas autorisée dans les véhicules en mouvement.

Dans l'Idaho

À **Idaho Falls**, si vous êtes âgé de 88 ans ou plus, il vous est interdit de monter sur une moto.

Dans le New Jersey

Vous n'avez pas le droit de vous servir vous-même à la pompe à essence : seul un pompiste est habilité à le faire, alors que pour la plupart, les stations sont en libre-service.

Dans l'Oklahoma

Il est interdit de lire un livre comique en conduisant un véhicule à moteur : ne lisez donc pas ce livre au volant !

En Thaïlande

Vous devez porter une chemise si vous êtes au volant d'une voiture.

À San Salvador

Les conducteurs en état d'ébriété peuvent être condamnés à mort par peloton d'exécution.

Aux Philippines

Les voitures dont la plaque d'immatriculation finit par le numéro 1 ou 2 ne sont autorisées à rouler ni le lundi 3 ou 4, ni le mardi 5 ou 6, ni le mercredi 7 ou 8, ni le jeudi 9 ou 10 de chaque mois, ni le vendredi à 7 h… Un vrai casse-tête !

En Corée du Sud

Les agents de circulation sont tenus de déclarer tous les pots-de-vin qu'ils reçoivent des automobilistes.

En Russie

Une loi condamne la conduite d'un véhicule sale, ce qui fait le bonheur des laveurs de voiture.

Cette mesure a été adoptée après avoir constaté que de nombreux hors-la-loi ou trafiquants échappaient à la police, tout simplement parce que leur plaque d'immatriculation, recouverte de saleté, était devenue illisible…

Au Japon

Si vous éclaboussez un piéton en passant en voiture, vous risquez une amende de 47 euros (oui, c'est précis).

Dans l'Oregon

Il est interdit de s'allonger sur des rails à **Portland**.

En Virginie Occidentale

Il est contraire à la loi d'éternuer dans un train.

Au Mexique

À **Pachuca, Hidalgo**, il est interdit d'utiliser une voiture privée pour transporter un cadavre.

Interdits à bord !

À Singapour

Qui n'a pas souvenir d'un voyage exaspérant en train ou en avion à cause d'un bébé enragé dans la rangée voisine ? La compagnie aérienne Singapore Airlines a résolu ce problème d'une façon radicale, en ouvrant une nouvelle classe, nommée « ScootinSilence », située dans une zone interdite aux enfants de moins de 12 ans. La compagnie propose cet espace pour une dizaine d'euros supplémentaires.

Vous pouvez désormais voyager en classe « silence ». Une option attractive pour les hommes d'affaires et autres passagers avides de calme.

Dans le monde

Nous connaissons tous les interdictions concernant les liquides et les médicaments à abandonner avant de monter à bord d'un avion.

Mais d'autres objets encore vous seront confisqués à l'embarquement : cannes à pêche, soupes au poulet, ou encore raquettes de badminton, au cas où l'idée vous viendrait d'organiser un tournoi dans l'allée centrale…

Tenues vestimentaires

Remontez vos pantalons !

Peu importent les courants que suit la mode, les pantalons portés sous la taille, laissant entrevoir les sous-vêtements, n'ont jamais eu bonne presse auprès des autorités publiques.

DANS LA RÉGION D'ATLANTA
Cinq villes ont banni pantalons, jupes et shorts portés plus de trois pouces[1] en-dessous de la taille. À **Forest Park**, en **Géorgie**, les contrevenants risquent même une amende de 1 000 dollars.

EN ALABAMA
Dans le comté de **Montgomery,** la menace d'une amende de 100 dollars pour les mineurs et de 150 dollars pour les adultes dissuade les individus de porter leur pantalon trop bas. Une campagne de sensibilisation a aussi été lancée, diffusant le slogan suivant : « *Raise your pants, raise your image* » (« Remonte ton pantalon, rehausse ton image »).

EN LOUISIANE
La municipalité de **Delcambre** a été la première à considérer le port de sous-vêtements visibles comme un crime. Si l'on voit votre slip, vous risquez six mois de prison.

1. 3 pouces = 7,62 centimètres

En France

Quelques vestiges de l'archéologie juridique qui ont eu la vie dure…

Depuis le 31 janvier 2013, les Parisiennes peuvent porter un pantalon sans enfreindre la loi. Jusqu'à cette date, une ordonnance de la préfecture de police, datant du 17 novembre 1799 et concernant le « travestissement des femmes », était encore en vigueur à Paris, et leur interdisait cette tenue.

Depuis 2009, bon nombre d'établissements scolaires ont proscrit les tenues provocantes telles que les décolletés, les minijupes, les shorts, ou encore les tongs. Le piercing est également interdit dans les établissements privés, ainsi que dans certains lycées publics.

En Thaïlande

On ne peut sortir dans la rue sans sous-vêtements.

Dans le Missouri

En cas d'incendie, les pompiers ne peuvent secourir une femme qui porte une chemise de nuit, et doivent attendre qu'elle soit habillée décemment. Pas très rassurant quand on doit lutter contre « sapeur » !

Dans le Wisconsin

Avant de changer les vêtements d'un mannequin dans une vitrine, les vendeurs doivent baisser le rideau. Qui a prétendu que les États-Unis étaient l'un des pays les plus puritains du monde ?

En Alabama

Qui, dans un lieu public, et par le port frauduleux d'une tenue vestimentaire explicite, se fait passer pour le ministre de telle ou telle religion (prêtre, rabbin ou tout autre membre du clergé), se rend coupable d'un délit.

Dans le New Jersey

Il vous est interdit de sortir dans la rue si votre pantalon n'est pas assorti à votre chemise.

Lois vestimentaires à connaître avant de voyager

AU QATAR
Les vêtements révélateurs, soit ceux laissant les épaules et les genoux visibles, ainsi que les vêtements transparents et ajustés sont à proscrire.

AU VATICAN
Pour pouvoir pénétrer dans les musées et dans les églises, les épaules doivent être couvertes, et jupes et shorts ne doivent pas être portés plus haut que le genou.

À CASTELLAMMARE DI STABIA
Dans cette ville située au sud de Naples, une loi interdit minijupes, jeans taille basse et décolletés trop plongeants ; les individus qui oseraient contrevenir à ce règlement risquent une amende de 300 euros.

EN ITALIE
Les baigneurs étrangers choquent parfois les résidents. Dans plusieurs villes, la loi oblige donc au port d'un cache-maillot pour déambuler dans les rues.

Ne chaussez pas n'importe quoi…

SUR L'ÎLE DE CAPRI
Les chaussures bruyantes, comme celles à semelles de bois, ont été bannies pour préserver l'atmosphère paisible du lieu.

EN CALIFORNIE
À **Carmel-by-the-Sea**, la ville dont l'acteur Clint Eastwood était le maire, les femmes ont été longtemps privées du droit de porter des talons hauts. Bien que cette loi ne soit plus appliquée, les touristes peuvent se procurer un faux permis de port de talons hauts, en guise de souvenir. Drôles de gus…

Une légende urbaine veut qu'à **Blythe**, le port de bottes de cow-boy soit réservé aux gens possédant au moins deux vaches. Toutefois, il s'agit plutôt de folklore que d'une loi appliquée à la lettre.

La **Grèce** interdit – activement, cette fois – le port de talons hauts sur certains sites historiques (comme l'Acropole) qui, depuis des années, sont détériorés par le passage incessant de visiteurs.

À **Cleveland**, dans l'**Ohio**, il est interdit à une femme de porter des chaussures de chantier…

Au Mexique

Le 17 janvier 2011, le gouvernement de **Tamaulipas** a interdit à ses habitantes de porter minijupes et décolletés dans le cadre professionnel. Le 8 mars suivant, la municipalité de **Santa María Huatulco**, dans l'État d'**Oaxaca**, a édicté la même règle.

Aux Caraïbes

Il est illégal de porter des treillis ou des vêtements de camouflage dans les îles de **Trinité** et de **Tobago**.
Cette loi apparemment absurde sert certainement à empêcher toute ressemblance avec des militaires ou autres fonctionnaires de police, et à éviter ainsi toute confusion que de telles tenues pourraient faire naître. Les sanctions encourues sont une mise en garde à vue et la confiscation des habits en question. Il en va de même sur l'île de **Sainte-Lucie**.

En Malaisie

En 2011, le gouvernement a interdit les vêtements jaunes, car c'était la couleur arborée par un groupe d'activistes de l'opposition au pouvoir en place.

Dans le Nebraska

Un propriétaire d'hôtel à **Hastings** est obligé de donner à chaque client une chemise propre et repassée…

Sexualité

En Indonésie

La masturbation est punie de mort par décapitation.

En Uruguay

Un mari qui surprend sa femme en flagrant délit d'adultère a l'embarras du choix : il peut soit tuer les amants ensemble, soit couper le nez de l'épouse infidèle et castrer son amant.

En Angleterre

Il est illégal pour deux hommes d'avoir des relations sexuelles, si une troisième personne se trouve dans les lieux.

En Australie

Les femmes à petite poitrine (portant des soutiens-gorge de bonnet A) ne sont pas autorisées à jouer dans les films pornographiques. En effet, l'organisation gouvernementale chargée de classer les films, l'*Australian Classification Board*, a considéré que les hommes appréciant les films dans lesquels jouaient des femmes à petits seins pourraient être de potentiels pédophiles.

Les réalisateurs de films classés X n'ont pas le droit de mettre en scène une éjaculation féminine.

Au Danemark

Il est légal pour une femme de travailler comme prostituée, mais il est interdit à un homme d'avoir des relations sexuelles avec une prostituée.

My name is Bond, Pudi Bond…

DANS LE MINNESOTA

Il n'est pas toléré que les hommes et les femmes accrochent leurs sous-vêtements à la même corde à linge.

EN GÉORGIE

Il est interdit d'embrasser les seins de sa femme. Est-ce considéré comme un « Atlanta » à la pudeur ?

DANS LE NEBRASKA

Concubins ou conjoints, les couples ne peuvent dormir nus ensemble. Ils peuvent cependant avoir des rapports sexuels s'ils portent des chemises de nuit propres et blanches.

AU BAHREÏN

La loi interdit à un gynécologue de sexe masculin de regarder directement les organes génitaux d'une patiente : il doit pour ce faire utiliser un miroir.

EN JORDANIE

Les autorités ont légiféré sur la fréquence souhaitable des rapports amoureux, et préconisé que les époux aient des rapports sexuels « au moins une fois tous les quatre mois ».

AUX ÉTATS-UNIS

L'impuissance est considérée comme un motif de divorce dans 24 États.

DANS LE WISCONSIN

À **Connorsville**, il est illégal de tirer des coups de feu pendant l'orgasme de sa femme.

DANS L'ILLINOIS

À **Oblong**, vous pouvez être puni par la loi si vous chassez ou pêchez pendant votre lune de miel.

DANS LE MINNESOTA

À **Alexandria**, un homme ne peut avoir de rapports sexuels s'il sent l'ail, l'oignon ou la sardine. Si sa femme le demande, la loi l'obligera à se brosser les dents.

Dans le Montana

À **Bozeman**, une loi condamne toute activité sexuelle ayant lieu dans une cour entre personnes de sexes opposés, si les protagonistes sont nus (S'ils portent des chaussettes, il n'y a aucun problème !)

Une loi qui sévit à **Helena** autorise les femmes à danser sur une table dans un saloon ou dans un bar seulement si elles portent au moins trois épaisseurs de vêtements…

Dans le Dakota du Sud

Dans les hôtels de **Sioux Falls**, non seulement chaque chambre doit être équipée de lits jumeaux, mais ceux-ci doivent aussi être placés à une distance minimum de 2 pieds (soit 61 centimètres) l'un de l'autre lorsque les clients sont un couple.
Pour compléter le tableau, tout acte sexuel à même le sol (entre les deux lits ?) est défendu !

Dans le Wyoming

Une ordonnance à **Newcastle** interdit aux couples d'avoir des rapports sexuels dans le congélateur à viande d'un magasin ! Cette loi a dû jeter un froid…

En Floride

Si vous êtes célibataire, divorcé ou veuf, vous ne pouvez pas faire de parachute le dimanche après-midi.

En Alabama

Seule la position sexuelle du missionnaire est autorisée. La sodomie, comme dans de nombreux États du Sud, est passible de prison.

Dans l'Utah

Le mariage entre cousins est autorisé. Seule condition : être âgé d'au moins 65 ans ! Limite d'âge où la procréation et les risques consanguins sont nuls…

Au Texas

Posséder plus de six vibromasseurs rend passible d'une amende.

En Louisiane

Les relations sexuelles avec un porc-épic sont illégales.

En Arkansas

Prendre une douche dénudé est passible d'une amende.

Dans le Nevada

À **Eureka**, un moustachu n'est pas autorisé à embrasser une femme : ça pique !

Dans l'Iowa

Vous ne pouvez embrasser quelqu'un pendant plus de cinq minutes. Au-delà, non seulement vous enfreignez la loi… mais vous risquez aussi de vous asphyxier…

Transports amoureux !

Dans le Michigan

À **Détroit**, il est totalement interdit d'avoir des relations sexuelles dans une voiture… à moins qu'elle appartienne au couple concerné…

Dans le New Jersey

À **Liberty Corner**, ces relations sont autorisées, mais, si lors des ébats amoureux, l'un des partenaires actionne accidentellement le Klaxon, il encourt une peine de prison !

Au Nouveau-Mexique

À **Carlsbad**, il est légal pour un couple d'avoir des rapports sexuels dans un véhicule si, et seulement si, la voiture est équipée de rideaux pour éviter les regards indiscrets.

Dans l'Idaho

S'il est toléré d'avoir des rapports sexuels dans une voiture garée à **Cœur d'Alene**, ce type d'attitude est néanmoins considéré comme une atteinte à l'ordre public. Les officiers de police sont donc autorisés à intervenir, mais on ne permet pas aux officiers de police de s'approcher du véhicule et de frapper à la fenêtre.

Un policier soupçonneux doit s'approcher en automobile par derrière, klaxonner à trois reprises et attendre environ deux minutes avant de sortir de sa voiture.

Dans l'Utah
Une femme ne peut pas avoir de rapports sexuels avec un homme à bord d'une ambulance, en périphérie de **Tremonton**. Arrêtée, elle peut être punie pour délit sexuel et son nom sera cité dans le journal local. L'homme, en revanche, ne court aucun risque.

En Alabama
À **Cottonwood**, il vous est interdit d'avoir des relations sexuelles dans un véhicule dont l'une des roues est crevée.

Sexisme

À Liverpool

Une femme n'est pas autorisée à travailler seins nus, sauf en tant que vendeuse dans un magasin de poissons tropicaux ! Peut-être pour donner aux clients l'impression être servis par une sirène…

Quoi qu'il en soit, si vous voyagez dans cette ville et que vous avez une tendance exhibitionniste, le marché aux poissons est *the place to be*.

En Hongrie

Si la polygamie reste, comme dans la plupart des pays occidentaux, interdite, les récalcitrants qui la pratiqueraient malgré tout se verraient obligés de vivre avec toutes leurs épouses sous le même toit.

En Argentine

À **Córdoba**, une femme à forte poitrine ne peut exercer le métier d'institutrice : on a estimé en effet que cela risquerait de déconcentrer les jeunes élèves de sexe masculin.

En France

Il a fallu attendre 1944 pour que les femmes obtiennent le droit de vote. Néanmoins, elles n'ont pu exercer ce droit que l'année suivante, pour les élections municipales.

Ce n'est qu'en 1965 que les femmes mariées ont été autorisées à ouvrir un compte bancaire en leur nom, et à pouvoir en jouir sans l'autorisation de leur mari…

Au Nicaragua

Un homme de **Mataqalpa** a le devoir de divorcer s'il découvre que sa femme a commis un adultère. En revanche, la réciproque n'est pas vraie.

En Équateur

Une jeune mariée est tenue d'être vierge au moment de la nuit de noces. Conformément à la loi, elle peut être renvoyée chez ses parents si son mari découvre que ce n'est pas le cas.

En Afghanistan

Les talibans avaient interdit aux femmes de porter des chaussettes blanches, de peur que les hommes ne les trouvent attrayantes.

En Arabie Saoudite

À l'heure actuelle, il n'est pas permis aux femmes de voter. Peut-être en 2015 ?

Il n'existe pas d'âge minimum pour se marier.

Une femme doit être habillée de la tête aux orteils, et ne peut pas sortir sans être accompagnée d'un homme…

Les femmes n'ont pas le droit de conduire une voiture.
Les Saoudiennes ont décidé de braver cet interdit en organisant, le 26 octobre 2013, une journée de manifestation. On aurait pu s'attendre à une grande révolution : elle s'est soldée par un échec. Les autorités ont eu le dernier mot : pas de femme au volant. Sous la pression, les militantes ont donc décidé de faire marche arrière…
Conduire nuirait même à la santé des femmes, a soutenu un religieux. En effet, le cheikh Saleh al-Luhaydan n'a pas hésité à user d'arguments pseudo-médicaux pour discréditer la campagne des militantes : « La conduite affecte automatiquement les ovaires, et remonte le pelvis », a-t-il assuré dans le journal *Sabq* et sur le site sabq.org. « C'est

pour cela que les enfants nés de femmes qui conduisent régulièrement souffrent de désordres physiques à des degrés divers. »

En Inde

Dans certaines parties du pays, un homme surendetté peut donner sa femme en gage jusqu'à ce que la dette soit remboursée.

Au Ghana

Un homme trompé par son épouse est autorisé à lui trancher le nez.

En Autriche

Après 155 ans d'existence, l'Orchestre philharmonique de Vienne a consenti, le 27 février 1997, à accueillir dans ses rangs des musiciennes. Le fameux ensemble autrichien était jusqu'alors exclusivement composé d'hommes.

En Arizona

Les femmes n'ont pas le droit de conduire un véhicule en robe de chambre.

En Louisiane

Une cliente qui s'endormirait sous un sèche-cheveux dans un salon de coiffure serait passible d'une amende. Le salon de coiffure serait également sanctionné. Les habitants de la Floride sont logés à la même enseigne.

En Floride

Les femmes ne sont pas autorisées à casser plus de trois assiettes par jour.

Dans l'Illinois

Vous pouvez, chère madame, être verbalisée pour avoir osé essayer plus de six robes dans une boutique.

En Louisiane

À **La Nouvelle-Orléans**, une femme n'a le droit de conduire une voiture que si son mari court devant le véhicule en agitant un drapeau rouge pour prévenir les piétons et les autres véhicules. Il en va de même à **Memphis** (Tennessee), et à **Waynesboro** (Virginie).

DANS L'ARKANSAS

Une loi instaurée dans les années 1800 stipule qu'un mari est autorisé à battre sa femme, mais seulement une fois par mois.

DANS LE VERMONT

Une femme a besoin de l'autorisation de son conjoint pour porter de fausses dents.

DANS L'UTAH

Un époux est tenu responsable de tout acte criminel commis par sa femme tant qu'elle se trouve en sa présence.

DANS LE KENTUCKY

Une femme ne peut se remarier plus de quatre fois avec le même homme : on estime qu'à ce stade, la période d'essai est terminée, et qu'elle a eu le temps de se faire une opinion…

Jusqu'en 1974, une femme ne pouvait pas non plus porter de maillot de bain sur la route, à moins d'être escortée par au minimum deux agents… Qui sont alors censés la protéger d'une éventuelle agression ? Notons que les dispositions de ce statut ne s'appliquaient pas une femme de moins de 90 lb (40 kilos) ou de plus de 200 lb (90 kilos).

AU CANADA

Les hommes de **Jasper** peuvent corriger leur épouse à coups de bâton, à condition que le diamètre de la baguette ne dépasse pas celui du pouce de l'agresseur.

DANS LE TENNESSEE

Huit femmes ne peuvent pas vivre dans la même maison, car une telle cohabitation serait assimilée à une maison close !

DANS LE MISSISSIPPI

Quatre femmes ne peuvent pas louer un appartement ensemble. Même problème ?

DANS LE MINNESOTA

Une femme risque jusqu'à 30 jours de prison si elle se déguise en Père Noël.

DANS LE MONTANA

Une femme commet un délit si elle ouvre un courrier destiné à son époux.

DANS L'IDAHO

À **Challis**, un homme ne peut se promener en compagnie de la femme d'un autre.

DANS L'OHIO

À **Cleveland**, les femmes ne sont pas autorisées à porter des chaussures en cuir verni, car on pourrait voir leurs sous-vêtements par réflexion ! Le législateur ne serait-il pas plus vicieux que les comportements qu'il entend prévenir ?

EN CALIFORNIE

À **Pasadena**, une secrétaire n'a pas le droit de se trouver seule dans le bureau de son patron…

DANS LE MISSOURI

À **Maryville**, les femmes sont interdites de corset parce que « le privilège d'admirer le corps d'une jeune femme ne devrait pas être nié au mâle américain normal et au Sang Rouge ».

DANS LE MISSISSIPPI

À **Truro**, un homme doit se montrer « digne et viril » avant son mariage, et pour ce faire chasser six merles ou trois corbeaux.

DANS LE KANSAS

Beaucoup de maris reconnaissent que leur belle-mère n'est pas leur meilleure amie… Habiter à **Wichita** ferait leur bonheur. Dans cette ville, maltraiter sa belle-mère ne constitue pas un motif valable de divorce.

AU JAPON

Le frère aîné d'une famille peut demander officiellement en mariage la petite amie de son frère cadet, sans refus possible. Étonnamment, il existe beaucoup de lois semblables à celle-ci dans d'autres pays asiatiques, et cela s'explique par la tradition millénaire du respect dû aux aînés.

Animaux

Dans le Colorado

À **Denver**, il est interdit de maltraiter les rats. À mettre sur le compte d'un influent lobby des amis des rats ?

Dans l'Illinois

Vous ne pouvez pas attacher un alligator à une bouche d'incendie. Mais essayez donc de lui trouver une place de parking !

À **Oak Park**, les coqs ne sont pas autorisés à vous réveiller avant 6 heures du matin… Ce sont bien sûr leurs propriétaires qui seront verbalisés.

L'État autorise l'emprisonnement des animaux.

À **Chicago**, une loi interdit de servir du whisky à un chien.

À Hawaï

À **Honolulu**, vous seriez immédiatement arrêté si l'envie vous prenait de déranger les oiseaux…

En Floride

À **Jupiter Inlet**, vous ne pouvez pas lancer de missile sur les oiseaux !

Dans le New Jersey

À **Cresskill**, les chats doivent porter au moins trois clochettes autour du cou, pour prévenir les oiseaux de leur présence.

En Californie

À **Burnaby**, les chiens doivent regagner leur niche au plus tard à 22 heures. Pas question de traîner dans la rue !

Dans l'Oklahoma

Interdiction de chasser la baleine. Quand on sait que cet État se situe à 800 km de la mer, on se demande comment cette loi a pu voir le jour…

En Alaska

À **Fairbanks**, il est légal de tuer des ours, mais illégal de les réveiller pour les photographier…

On ne doit pas donner de l'alcool à une souris.

Dans le Colorado

À **Louisville**, les habitants ne peuvent détenir de poulets, mais peuvent posséder jusqu'à trois dindes.

En Arizona

Un âne ne peut pas dormir dans une baignoire.

En Californie

À **Hollywood**, il est illégal de conduire plus de deux mille moutons sur *Hollywood Boulevard*.

Dans l'Ohio

Le propriétaire d'un tigre doit immédiatement avertir les autorités si la bête s'échappe.

Au Canada

À **Ottawa**, une loi régissant les nuisances sonores stipule, entre autres dispositions, que le bourdonnement des abeilles est interdit… Dans le **Michigan**, leur recensement annuel est même obligatoire !

Peine de mort
pour les cygnes new-yorkais ?

Dans l'État de **New York**, le cygne est désormais considéré comme un animal nuisible.
En effet, début 2014, le département de la préservation de l'environnement a classé les cygnes tuberculés dans la catégorie « espèces invasives interdites ». Il projette également d'exterminer les 2 200 spécimens qui peuplent la presqu'île de Long Island, le sud de la vallée de l'Hudson et les rives du lac Ontario, au nord de l'État.

EN NORVÈGE

Vous ne pouvez stériliser ni un chien, ni une chatte.

EN ISRAËL

À **Haïfa**, il est interdit de promener son ours sur la plage.

EN CAROLINE DU SUD

Vous ne pouvez faire entrer votre cheval dans une auberge, sauf s'il est vêtu d'un pantalon.

EN FRANCE

« Les pitbulls ne feront pas de vieux chiots. » C'est le titre amusant d'un article de *Libération* paru le 6 janvier 2000, expliquant qu'à la suite de nombreux incidents, cette race de chiens réputés dangereux a été proscrite. Les pitbulls sont désormais tolérés uniquement s'ils sont castrés.
Le pitbull est également devenu la bête noire dans d'autres pays, comme au **Québec** où il a été interdit, à la suite de plusieurs agressions par l'animal.

EN IRAN

Sachez qu'il est interdit d'avoir un chien comme animal de compagnie… sauf s'il s'agit d'un chien de garde ou de chasse.

DANS L'OHIO

À **Paulding**, ne vous étonnez pas si un agent de police tente de mordre votre chien pour le calmer.

EN CAROLINE DU NORD

On ignore toujours comment les chiens et les chats ont été mis au courant de leur interdiction de se battre !

DANS LE COLORADO

Plus bizarre encore, la fourrière doit afficher durant trois jours la photo de l'animal dont elle projette de s'emparer. Ainsi, l'intéressé sera prévenu et aura le temps de prendre la clé des champs…

À **Boulder**, on ne peut pas posséder d'animal de compagnie, car il ne peut exister de « maître », juridiquement parlant, seulement des « nourrices pour animaux ». Heureusement, des exceptions réconfortantes permettent de contourner ces règles sorties de cerveaux pour le moins tordus.

EN ITALIE

Turin est un modèle en termes de soin accordé à nos amies les bêtes : les propriétaires qui ne promèneraient pas leur chien au moins trois fois par jour risqueraient une lourde amende.

EN ARIZONA

La chasse au chameau est illégale, alors qu'il n'y a pas de chameaux dans l'État !

En poussant un peu loin la curiosité, on découvre qu'en 1856 et 1857, des chameaux ont été importés dans la région afin de faciliter le transport de courrier destiné à l'armée, à travers le désert. Mais c'était il y a 150 ans, et, depuis, personne n'a jamais songé à abroger ce règlement abracadabrant !

AU KENYA

Il est illégal pour les étrangers et les touristes de s'aventurer dans le **Masai Mara**, une réserve naturelle appartenant à la tribu des Masaïs. L'intense activité de prédateurs dangereux (principalement des lions, des crocodiles, des léopards et des hyènes) en est certainement la cause.

Pour les citoyens kenyans, cela reste tout à fait autorisé.

Alimentation

En France

Le ketchup est interdit dans les cantines scolaires depuis 2011. Selon *Courrier International*, il s'agirait ainsi de préserver la cuisine française. Le président de l'Association nationale des directeurs de la restauration municipale, Christophe Hébert, voit en effet le ketchup comme « l'incarnation de l'américanisme ».

Un autre arrêté limite, depuis 2011, la fréquence des merguez, chipolatas et autres saucisses de Francfort à deux ou trois fois tous les vingt repas dans les menus des cantines.

En Suisse

Il est illégal de produire, stocker, vendre et échanger de l'absinthe, mais légal d'en consommer.

En Bolivie

Pas de burger ! De 1997 à 2002, la Bolivie a été le seul État au monde à interdire l'implantation de *McDonald's* sur son territoire. Après une longue bataille juridique, le géant de la restauration rapide a réussi à créer huit restaurants dans le pays. Peine perdue : faute de résultats, *McDonald's* a quitté le pays en 2011.

Si certains aliments, apparemment ordinaires et sans danger, sont consommés quotidiennement chez nous, dans d'autres pays, ils sont interdits. Mimolette, roquefort, Kinder Surprise, foie gras, viande de cheval, lait cru ou absinthe ont ainsi été désignés comme des aliments *non grata* dans certaines contrées.

Mimolette et Roquefort

Depuis 2013, les **États-Unis** ont déclaré indésirables ces deux fromages français. La raison invoquée est que ces produits seraient « composés d'une substance dégoûtante, putride, ou décomposée ». De ce fait, cette nourriture « inadaptée » n'est plus autorisée sur le sol américain.

Le comité de soutien *Save the mimolette* a d'ailleurs été créé pour protester avec humour contre cette interdiction. Des amateurs du fromage ont investi la Toile et les réseaux sociaux, des 3 200 fans sur Facebook aux hashtags sur Twitter (#savethemimolette et #mimolette).

Kinder Surprise

Le célèbre œuf en chocolat est considéré comme dangereux aux **États-Unis**, car il renferme une petite boîte non comestible. Les enfants n'y ont donc pas droit, de peur qu'ils ne se blessent, ce qu'après tout on peut comprendre.

L'absinthe

La **Belgique**, le **Brésil**, la **Suisse**, les **États-Unis**, le **Canada** ou encore l'**Italie** s'opposent à la commercialisation de cet alcool « qui rend fou », auparavant considéré comme responsable de « la criminalité, la tuberculose, la violence conjugale et la baisse de la natalité ».

Le foie gras

Une dizaine de pays à travers le monde interdiraient l'importation de foie gras, selon l'association *Stop Gavage*, à cause de la « souffrance infligée à l'animal, allant à l'encontre de nombreuses lois ».

En **France**, on sait pertinemment que le canard souffre, mais on en mange encore, « magret tout »…

La viande de cheval

Si, en **France,** le souvenir du « Chevalgate » est encore frais dans nos mémoires, depuis 2007, les **États-Unis** interdisent d'abattre un cheval pour le manger.

En **Californie** et dans **l'Illinois**, sa consommation est même défendue.

Le lait cru

Accusé de contenir des bactéries, le lait cru (et ses fromages dérivés) est interdit à la vente en **Écosse**, en **Australie**, au **Canada** (hors Québec) et dans 22 États américains.

AUX ÉTATS-UNIS

Le haggis, ou panse de brebis farcie, plat traditionnel écossais, a été banni en 1971 par le département de l'Agriculture.

AU DANEMARK

La Marmite[1], pâte à tartiner anglaise, ne plaît pas aux Danois, à tel point que le gouvernement a choisi de la boycotter. Elle comporterait certains risques pour la santé, dus au « taux trop élevé de vitamine B1 ». Toutefois, l'ambassade du Danemark au Royaume-Uni a précisé que « la vente ne [serait] pas interdite mais contrôlée et ne [pourrait] pas s'effectuer sans autorisation ».

La nourriture fortifiée est interdite, par peur des effets d'une surconsommation de vitamines !

Les restaurants ne peuvent vous facturer un verre d'eau, sauf s'il est accompagné d'une rondelle de citron ou s'il contient un glaçon !

Quand l'obésité est prohibée

AU JAPON

Même si le pays du Soleil-Levant possède déjà l'un des taux d'obésité les plus bas du monde (moins de 5 %, contre 35 % aux États-Unis), les législateurs, à « sumos couverts », ont imposé en 2009 une limite au tour de taille des habitants. À partir de 40 ans, il est limité à 80 cm pour les hommes, et à 90 cm pour les femmes. Incroyable, mais vrai !

1. Inventée en 1902, la Marmite est une marque britannique de pâte à tartiner.

Dans le Massachusetts

C'est enfreindre la loi que de consommer plus de 3 sandwichs à la suite.

Dans le Kentucky

Transporter un cornet de crème glacée dans sa poche est illégal ! C'est certainement le *lobby* des teinturiers qui est à l'origine de cette interdiction...

Dans le Dakota du Nord

La bière et les bretzels ne peuvent vous être servis en même temps dans un restaurant.

Un paysan de la communauté **amish** avait osé vendre du lait non pasteurisé à des Américains du cru. Scandale : ce lait non traité présentait un risque. Le lait non pasteurisé est donc interdit...

En Virginie Occidentale

Il vous est interdit, en raison du risque d'odeurs nauséabondes, de cuisiner du chou, et *a fortiori* de la choucroute. Votre voisin peut porter plainte et vous encourrez alors de sévères sanctions.

Dans l'Idaho

Une loi interdit de consommer de la viande de serpent.

Dans le Delaware

Il est illégal de vendre du parfum dans le rayon « boissons ».

À Chicago

Vous n'avez pas le droit de manger dans un lieu où un incendie est susceptible de se déclarer.

Famille et éducation

En France

La loi peut interdire des prénoms dont la consonance est « ridicule ou outrageante ». Un exemple récent est celui de M. et Mme Renaud qui avaient prénommé leur fille « Mégane ».

Ce prénom leur a d'abord été refusé lors de la déclaration à l'état civil, mais portant l'affaire devant le juge, ils ont finalement obtenu gain de cause. Le tribunal a en effet estimé que l'espérance de vie de ce modèle de voiture serait limitée, et que par conséquent ce nom ne nuirait pas au bien-être de l'enfant.

Au Danemark

Les parents doivent choisir le prénom de leur nourrisson parmi les propositions d'une liste officielle comprenant environ 7 000 prénoms (3 000 pour les garçons et 4 000 pour les filles). S'ils refusent, ils devront obtenir l'approbation de l'Église pour obtenir celui qu'ils souhaitent.

Le prénom « Anus » est proscrit par l'État, « si vil » !

En Belgique

On ne peut appeler sa fille « Vagina ».

Ce sont des jumelles de **Charleroi** qui l'ont échappé belle en 2009. Leurs parents avaient choisi les « charmants » prénoms de « Vagina » et « Clitorine ».

En France

« Titeuf », prénom d'un jeune héros de BD dévergondé créé par le dessinateur Zep, n'est pas autorisé : on craint que cela ne donne le mauvais exemple ? « C'est pô juste ! »

En Nouvelle-Zélande

Impossible de se prénommer « Fat-Boy » ou « Justice » ! Cela évitera de s'entendre dire : « Tiens, ce n'est que Justice ! »

Dans ce pays existe un registre de prénoms proscrits, parmi lesquels ceux dont la connotation religieuse serait trop lourde à porter, tels que « Lucifer », mais aussi « Christ » ou « Messiah »…

En République dominicaine

Le prénom « Queurida Pina » (Cher Ananas) n'est pas autorisé.

En Israël

Hors de question de s'appeler « Like » (inspiré de Facebook).

En Suède

Le groupe de *hard-rock* aurait peut-être apprécié : un couple de Suédois avait choisi d'appeler leur fille « Metallica ». Après un refus, le prénom est finalement accepté, puisqu'une Suédoise le portait déjà en deuxième prénom.

En Belgique

Il faut savoir réseau garder et ne pas se l'SFR… Quand des parents ont souhaité prénommer leur fils « GSM », il y a eu comme de la friture sur la ligne. On leur a refusé : ce nom a peut-être été considéré trop difficile à capter !

En Suède

Une petite fille modèle et bien rangée. C'est peut-être ce dont rêvait ce couple lorsqu'il a prénommé son enfant « Ikea » ! Cela leur a été refusé : ils en ont été « kit » pour trouver une autre idée.

Au Danemark

Un couple a eu un mal de chien pour trouver un prénom à son bébé : ils ont choisi celui de « Pluto ». Mais cela leur a été défendu, ce qui les a rendus Dingo…

La fessée

Les punitions physiques dans les écoles sont encore permises dans plusieurs pays du monde. C'est le cas de 19 États **américains**.

En revanche, en 1979, la **Suède** a interdit la fessée, « même légère ».

Actuellement, 24 pays du monde interdisent ce type de pratiques « punitives » sur les enfants.

EN ANGLETERRE

Tous les garçons de 14 ans doivent effectuer environ deux heures de tir à l'arc par semaine, supervisées par le clergé local.

À **Liverpool**, dans un magasin, il est interdit aux enfants de regarder sous les vêtements d'un mannequin. Leurs parents pourront être punis pour cela.

Les députés britanniques se sont prononcés le 10 février 2014 en faveur d'une interdiction de fumer dans les voitures où se trouvent des enfants.

EN ROUMANIE

En 1935, pour ne pas effrayer les jeunes enfants, Mickey Mouse avait été interdit, de même qu'en Finlande où les dessins animés de Donald Duck, jugé indécent sans pantalon, avaient été supprimés. Toutes ces mesures ont depuis été assouplies.

Le Scrabble avait été prohibé par le président Nicolae Ceausescu dans les années 1980, considéré comme « trop intellectuel et diaboliquement subversif »...

AU CANADA

Une bande dessinée qui représente une activité illégale est interdite. Pas question de donner le mauvais exemple.

Dans l'Iowa

Il est interdit à des parents d'enfants difformes de les donner en spectacle dans un cirque : hors de question d'espérer tirer un quelconque bénéfice de leur handicap.

Dans l'Oregon

Il est illégal d'attacher ses enfants sur une aile ou sur le toit d'une automobile. Heureusement que le ridicule ne tue pas.

À San Diego

Les écoles publiques interdisent l'hypnotisme.

Dans le Montana

Le mariage « par procuration » est permis pour les membres de l'armée américaine, ce qui implique qu'un ami peut remplacer l'un des deux mariés le jour J. Il arrive même que les deux époux soient absents !

Les Philippines et le Vatican

Ce sont les deux seuls États où le divorce reste encore illégal.

Aux États-Unis

Les producteurs de films doivent obtenir l'accord explicite d'un pédiatre avant de filmer un enfant âgé de moins d'un mois.

Dans le Minnesota

À **Walnut Grove**, les enfants doivent obtenir une autorisation écrite du shérif avant de se déguiser pour Halloween.

À **Blue Earth**, une loi stipule qu'aucun enfant de moins de 12 ans ne peut répondre au téléphone s'il n'est pas surveillé par l'un de ses parents.

Dans le Massachusetts

Les commerçants ne peuvent vous vendre des couches pour bébé le dimanche, même s'il y a urgence.

À Hawaï

La section 9.20.020 du code de loi du **Maui County** interdit formellement aux enfants de moins de 12 ans de jouer sur une autoroute. Au-delà, c'est possible (!).

Dans l'Illinois

À **Schaumburg**, les enfants n'ont le droit ni de jouer au ballon, ni de faire voler un cerf-volant. Et en hiver, ils ne peuvent faire de bataille de boules de neige…

À Los Angeles

Il est interdit de laver en même temps deux bébés dans la même baignoire.

En Virginie

Les enfants de plus de 3 ans ne sont pas autorisés à dormir avec leurs parents.

En Californie

À **San Francisco**, si vous avez moins de 21 ans, la fréquentation des salons de bronzage vous est interdite. Cette loi est censée protéger les jeunes contre de possibles dommages résultant de l'exposition aux rayons ultraviolets. En **France**, c'est également interdit aux mineurs.

Dans le Montana

À **Kalispell**, les enfants doivent présenter une ordonnance du médecin s'ils veulent acheter une sucette.

Dans le Nevada

Les responsables des services funéraires peuvent être arrêtés s'ils profèrent des propos obscènes en présence du défunt.

La politique de l'enfant unique en Chine :
Reproduction interdite

Cette loi, bien connue, a suscité de nombreuses controverses. À son entrée en vigueur en 1987, les autorités espéraient ralentir et même diminuer la croissance de la population chinoise qui comptait alors plus de 1,3 milliards d'habitants. Le texte imposait ainsi une lourde taxe aux couples qui choisissaient d'avoir plusieurs enfants.
Le débat a fait rage, les détracteurs avançant que cette restriction était moralement répréhensible. Le nombre d'avortements a également augmenté, parce que certains parents souhaitaient une descendance uniquement mâle.
De nombreux groupes ont alors milité pour son abrogation, et il a fallu attendre fin 2013 pour que Pékin adopte enfin une résolution assouplissant cette politique. Loin d'agir par souci éthique, les autorités ont tenté par là de lutter contre le vieillissement alarmant de la population.

EN CHINE

Une loi a été adoptée en juillet 2013, stipulant qu'il est illégal de ne pas rendre régulièrement visite à ses parents.

Pas de trotteur pour bébé

AU CANADA

Brimés par la législation, les nourrissons doivent apprendre à marcher tout seuls, sans trotteur.
Ce dernier a été interdit en 2004, après qu'une étude a prouvé qu'un tel engin pouvait « ralentir le développement moteur » des enfants. Et la loi n'est pas à prendre à la légère puisque sa violation peut vous coûter jusqu'à 100 000 euros d'amende et six mois de prison.

EN FRANCE

Impossible de porter plainte au pénal contre ses enfants, ses parents ou son conjoint pour vol ! C'est en substance ce

qu'indique l'article 311-12 du code Pénal : « Ne peut donner lieu à des poursuites pénales le vol commis par une personne :
— Au préjudice de son ascendant ou de son descendant.
— Au préjudice de son conjoint, sauf lorsque les époux sont séparés de corps ou autorisés à résider séparément. »
Heureusement, le texte précise que ces dispositions ne s'appliquent pas si le vol porte sur des objets « indispensables à la vie quotidienne », tels que les pièces d'identité ou les moyens de paiement.

En matière de mariage, il existe quelques interdits relatifs à l'inceste. Ainsi, les articles 163 et 161 du code Civil indiquent que « le mariage est encore prohibé entre l'oncle et la nièce, la tante et le neveu », mais également « entre tous les ascendants et descendants et les alliés dans la même ligne ».
Pourtant, ces interdictions demeurent contournables si le président de la République décide de les lever « pour des causes graves ». Il ne peut en revanche pas intervenir lorsqu'il s'agit de l'union entre ascendants et descendants directs.

Dans nos lycées et collèges : les distributeurs de friandises sont interdits.

En Guyane

L'État exige que les pirogues menant les enfants à l'école soient équipées de ceintures de sécurité : à défaut, il sera interdit aux écoliers de les emprunter pour se rendre en classe…

En Finlande

On ne peut se marier si l'on ne sait ni lire ni écrire.

Dans le Colorado

Une loi stipule qu'un homme ne peut épouser la grand-mère de sa femme.

Interdits religieux

Chaque religion a son lot d'interdits, ancestraux ou inédits. Certains peuvent surprendre. Ce livre n'entend pas s'y attarder, soucieux de ne pas froisser des susceptibilités, et de respecter des rituels et coutumes qui sont observés par des milliards de croyants.
Toutefois, certaines dispositions nous ont semblé devoir être citées pour leur originalité et leur aspect insolite.

Les 5 interdits religieux les plus surprenants

1. En Israël, les jeans moulants sont interdits aux hommes juifs pieux.
En matière de religion, tout est question d'interprétation. « Chaque juif est mandaté par la sainte Torah afin de s'habiller modestement dans des vêtements amples ». Voilà l'édit signé récemment par les plus grands rabbins israéliens. Étonnant, puisque les réglementations vestimentaires juives concernaient jusqu'ici surtout les femmes.

2. Les Témoins de Jéhovah privés de fêtes d'anniversaire.
Ni bougies, ni cartes, ni cadeaux, et pas même de gâteau.
Les Témoins de Jéhovah ne célèbrent pas leur anniversaire, ni celui des autres. Un interdit lié à leur *credo* selon lequel la célébration des fêtes est un pêché.

Russel, fondateur de ce mouvement religieux, avait commencé par interdire la célébration de Pâques et de Noël en invoquant la Bible. Les anniversaires, qui ne sont pas vraiment mis en avant dans les textes sacrés chrétiens, et toute autre forme de réjouissances avec des personnes extérieures à l'occasion de fêtes patriotiques ou du Nouvel an, furent ensuite également proscrites.

3. Soutiens-gorge, boxers, strings, interdits chez les mormons.
La question des sous-vêtements des mormons a fait couler beaucoup d'encre durant la campagne présidentielle américaine de 2012, le candidat Mitt Romney étant lui-même un adepte de ce mouvement. Pourtant, les dessous imposés aux croyants n'ont rien d'extraordinaire : un tee-shirt et un short en guise d'ultimes barrières à la tentation.
Quand on est mormon, on doit se contenter de sous-vêtements blancs, en coton ou en nylon uniquement. Seuls les militaires ont droit à une touche de couleur, quoique sobre : elle est limitée aux tons bruns.
Pour une même question de décence, le port des sous-vêtements est également réglementé. Le tee-shirt et le short sont de rigueur pour la baignade.

4. Piercings et tatouages proscrits pour les musulmans.
Toute modification de l'œuvre d'Allah est condamnée par le Coran. Scarifications, implants, mais aussi piercings et tatouages sont interdits. La transgression de ce précepte est considérée comme un acte satanique provoquant la malédiction divine.
Le verset auquel cet interdit se rapporte ne mentionne que l'altération de la création de Dieu. Les termes « tatouages » et « piercings » n'apparaissent pas clairement. Pourtant cette interprétation est commune à tous les courants de l'islam.

5. Pas de miel sur la table des jaïns (hindouistes).
Selon le spécialiste des questions religieuses, Éric Vinson, les interdits alimentaires sont à la base de toutes les religions et constituent l'une des thématiques récurrentes.
Moins connu que les autres religions, le jaïnisme, courant de l'hindouisme, se plie à la règle des « trois M » : ni *mâmsa*

(viande), ni *madya* (vin) ni… *madhu* (miel). Des interdits qui répondent à la philosophie de l'alimentation non-violente.
Les jaïns croient en la réincarnation, et pour ne pas renaître sous forme de démon, ils s'interdisent de consommer un aliment au détriment d'un être vivant. Ainsi, il ne faut pas voler le miel des abeilles !

En Arabie Saoudite

Le gouvernement interdit la vente de tout élément rouge chez les fleuristes et dans les boutiques de cadeaux à l'occasion de la Saint-Valentin, fête considérée comme contraire aux croyances musulmanes. Ceci a néanmoins entraîné la floraison d'un marché noir à l'approche du 14 février !
Vous ne pouvez pas non plus porter de vêtements rouges durant cette période.

En Chine

Dans l'un des actes les plus absurdes de l'histoire du totalitarisme, les autorités ont interdit aux moines tibétains de se réincarner sans l'autorisation du gouvernement. Selon un communiqué publié par l'Administration d'État pour les affaires religieuses en 2007, la loi stipule strictement les procédures à suivre pour se réincarner. Elle spécifie, sans peur du ridicule, qu'il s'agit « d'un pas important pour institutionnaliser la gestion de la réincarnation. » En réalité, la loi vise surtout à empêcher le dalaï-lama, qui vit en exil en Inde depuis 1959, de revenir au Tibet ou d'assurer sa succession.

Il existe également une coutume interdisant le port de chaussettes blanches, sûrement parce que le blanc est une couleur réservée au dalaï-lama.

Aux États-Unis

Dans 7 États, la Constitution interdit aux athées d'exercer une fonction publique.

Dans le Vermont

Vous encourez une amende de 200 dollars si vous doutez de Dieu ou si vous remettez en question son existence.

En Virginie Occidentale

Pas d'histoire drôle dans les sermons. Dans le comté de **Nicholas**, il n'est pas question pour les membres du clergé de plaisanter dans un lieu destiné à la prière et au recueillement.

Les inclassables

DANS L'IDAHO

La tradition veut que des confiseries offertes en gage d'amour pèsent au minimum 12 kilos…

EN PENNSYLVANIE

Il est interdit de dormir dans un réfrigérateur.

Toutes les bouches d'incendie doivent être vérifiées une heure avant chaque incendie.

DANS L'ILLINOIS

À **Zeigler**, seuls les quatre premiers pompiers arrivés sur le lieu d'un incendie doivent être payés.

EN CALIFORNIE

Il est illégal de peler une orange dans une chambre d'hôtel.

DANS L'INDIANA

Vous êtes dispensé de payer pour assister au concert d'un pianiste, si ce dernier est manchot.

Vous pouvez être dispensé de payer les soins médicaux d'un proche si vous priez pour lui.

DANS LE WISCONSIN

Il est interdit d'utiliser des rayons X pour juger de la taille d'une paire de chaussures.

Si vous êtes gêné, vous n'êtes pas obligé d'indiquer votre âge lors de formalités administratives. Vous pouvez simplement cocher la case « vingtaine », « trentaine », ou « quarantaine », et au-delà, une seule case : « plus » !

DANS L'ÉTAT DE NEW YORK

La ville de **Staten Island** interdit le tir au pistolet à eau lorsque celui-ci est braqué sur le visage d'un employé de banque.

AU TEXAS

À **Texarkana**, il est formellement interdit de disperser ses crottes de nez dans le vent…

Un chèque sur du papier toilette ?

EN FRANCE

La loi est claire : si la banque ne l'interdit pas, il est tout à fait possible de rédiger un chèque papier libre. C'est un jugement de la cour d'appel de Paris datant de 1930 qui le précise. Jusqu'ici, rien d'anormal. Mais en avril 1996, les choses deviennent loufoques : le tribunal de grande instance de Lyon s'est penché sérieusement sur la question, lors d'une affaire impliquant une société qui s'était acquittée d'une commande sur… du papier hygiénique ! Le tribunal a jugé que si le papier est « suffisamment solide et résistant pour supporter, sans se désagréger ou être endommagé, les différentes manipulations que son encaissement suppose », alors le chèque est tout à fait valable !

DANS LE NEW HAMPSHIRE

On ne peut s'acquitter d'une dette en proposant les vêtements que l'on porte sur soi comme monnaie d'échange.

DANS LE RHODE ISLAND

À **South Foster**, si le dentiste vous arrache une dent par erreur, vous pouvez demander au forgeron du village de lui retirer la dent correspondante à celle qu'il vous a enlevée ! Loi non abrogée, mais certainement jamais appliquée, du moins, on l'espère…

Dans le Connecticut

Dans la ville d'**Atwoodville**, une ordonnance municipale interdit aux habitants de jouer au Scrabble lorsqu'un homme politique est en train de prononcer un discours. Il est bien connu que les mots d'un politicien comptent double…

En entreprise

En France

Voici un règlement bien connu de tous les directeurs de ressources humaines. Un décret du 7 mars 2008 stipule en effet « qu'aucune boisson alcoolisée n'est autorisée sur le lieu de travail ». Néanmoins, l'article précise dans la même phrase qu'il existe des exceptions : « le vin, la bière, le cidre et le poiré » !

Voilà qui paraît ridicule, mais laisse tout de même le choix aux salariés…

En Allemagne

On doit pouvoir apercevoir le ciel dans tous les bureaux, même « un petit peu ». Cela procède d'une intention tout à fait louable.

En Floride

Les portes des entreprises doivent pouvoir s'ouvrir vers l'extérieur.

Dans le Wyoming

Les employeurs sont tenus de mettre des crachoirs à disposition du personnel.

Au Paraguay

Se battre en duel est légal, à condition que les duellistes soient enregistrés comme donneurs de sang.

Dans le Missouri

À **Mexico**, si vous êtes une femme et que vous avez été désignée pour être jurée dans un procès, il est hors de question que vous tricotiez un pull pendant les audiences.

Ce serait considéré comme une distraction vous empêchant de prêter toute votre attention à l'affaire plaidée devant la cour.

En Arizona

Dans le comté de **Mohave**, si quelqu'un est surpris alors qu'il vole du savon, il devra immédiatement se laver avec la savonnette jusqu'à ce que qu'elle ait entièrement fondu !

Une histoire loufoque

En Californie, en 1986, le juge Samuel King s'est montré si contrarié envers les jurés qui étaient absents en raison de fortes précipitations, qu'il a publié un décret disant : « J'ordonne qu'il cesse de pleuvoir d'ici à mardi. » Il a cessé de pleuvoir le mardi, et la Californie a connu une sécheresse de cinq ans !

Cinq ans plus tard, en 1991, le même juge a ensuite décrété : « la pluie tombera en Californie à partir du 27 février. » Le même jour, la Californie a subi les plus fortes précipitations enregistrées depuis plus de dix ans…

Quant à connaître la part de légende ou de vérité qui entrent dans cette anecdote, c'est une autre affaire…

En Norvège

Si vous souhaitez vivre éternellement, déménagez donc dans la ville arctique de **Longyearbyen**. Là, la mort est tout simplement prohibée.

En réalité, cela s'explique par la découverte de l'impossibilité pour les corps de se décomposer dans des sols gelés. Ainsi, le cimetière n'accepte plus de nouveaux venus depuis soixante-dix ans.

Si un résident se trouve gravement malade, il sera immédiatement rapatrié sur le continent pour terminer ses jours en paix et en toute légalité.

À noter qu'en **France**, le maire de **Cugnaux**, en Haute-Garonne, a pris une décision similaire en 2007, pour lutter contre la surpopulation du cimetière de la ville. Allez donc mourir ailleurs !

Cueillette interdite

Contrairement à une idée reçue, les champignons n'appartiennent pas à tous, mais au propriétaire de la forêt où l'on s'aventure parfois le dimanche, qu'elle soit privée ou publique. Or en France, les trois-quarts d'entre elles appartiennent à des particuliers.
Ainsi, d'après l'article R163-5 du code Forestier, une récolte sans autorisation et inférieure à 10 litres est passible d'une amende maximale de 750 euros.
Alors, promeneurs, prenez garde quand arrivent les premiers jours de « cèpes tendres »...
Il en va de même pour les tournesols des champs, et les pommes des terrains non clôturés, et pourtant privés.

DANS LE CONNECTICUT

Vous ne pouvez pas utiliser de canne blanche, sauf si vous êtes aveugle. Mais dans ce cas, comment saurez-vous que votre canne est blanche ?

DANS LE DEVON

Il est illégal de marcher à reculons après le coucher du soleil. *Crazy world !*

À HARTFORD

Vous n'êtes pas autorisé à traverser une rue en marchant sur les mains.

EN ALABAMA

Amateurs des films *Footloose*, et *On achève bien les chevaux*, refrénez vos désirs, vous ne pouvez pas danser toute la nuit. Les concours de danse marathons sont interdits.

L'automutilation destinée à susciter la pitié pour mendier est considéré comme un crime. À l'origine, cette loi avait été élaborée pour empêcher les hommes d'échapper au service militaire ou à l'enrôlement forcé.

À RHODE ISLAND

Vous ne pouvez pas vendre du dentifrice et une brosse à dents au même client le dimanche.

Dans l'Oregon

À **Troutdale**, il est illégal de se battre dans une rivière.

En Virginie

Une initiative a été tentée en 2013 à **Alexandria**. Par souci de tranquillité, un restaurant de sushis a décidé d'accepter seulement les personnes de plus de 18 ans.
Cette interdiction semble avoir porté ses fruits, puisque désormais le restaurant affiche complet tous les soirs.

En Russie

Lors des derniers JO d'hiver de **Sotchi** en 2014, de bien curieux panneaux de signalisation ont fait leur apparition.
Ils indiquaient que les athlètes et spectateurs avaient l'interdiction formelle de pêcher dans les toilettes (!), d'y vomir, et de faire leurs besoins accroupis sur la cuvette…

Interdit de s'abstenir :
quand voter devient une obligation !

Plusieurs pays ont fait depuis longtemps le choix du vote obligatoire. C'est le cas de la **Belgique** depuis 1893 mais aussi de l'**Australie** et du **Luxembourg** depuis 1924, puis de la **Turquie**, de la **Grèce** et de l'**Autriche**. Sont également concernés certains États d'Amérique latine comme le **Costa Rica** et le **Brésil**.
Ainsi, l'abstention en Belgique est considérée comme une infraction qui s'accompagne d'une amende de 27,50 euros et de 137,50 euros s'il y a récidive. Et si une personne s'abstient quatre fois en quinze ans, elle peut alors être rayée des listes électorales pour dix ans. Pendant ce laps de temps, elle ne peut recevoir ni nomination, ni promotion, ni distinction émanant d'une autorité publique.

En Inde

Le Lok Sabha, chambre basse du Parlement, a décidé chaque année de rappeler, ou de renouveler la liste des injures interdites aux députés, parmi lesquelles figurent « crapaud arrogant », « cervelle de chou » ou encore « fermier aux pieds plats » !

Une sorte de code de bonne conduite, qui pourrait également servir à leurs homologues d'autres nationalités...

Superstitions et interdits

À Hong Kong

Ne donnez jamais un unique objet, cela porte malheur : les cadeaux doivent toujours y être offerts en nombre pair.
Évitez d'offrir un chapeau ou une casquette à un Chinois : c'est comme si vous le traitiez de cocu.
Et n'oubliez pas qu'en Inde, la vache étant un animal sacré, un cadeau en cuir sera considéré comme une gaffe.

Au Cambodge

Pays champion en matière de superstitions.
Quiconque achète des clous la nuit risque la mort !

Il ne faut jamais enjamber un instrument de musique traditionnel, sous peine d'attraper des ganglions à l'aine.
En effet, selon la croyance populaire, ces instruments sont protégés par un génie (le *neak ta*).

Il ne faut pas non plus planter un bananier javanais à côté des fenêtres de la maison. Selon la croyance populaire, les fantômes pourraient alors entrer dans la maison par ses feuilles.

En Islande

Il vous est interdit de souffler sur un lampadaire.
La raison en est que, jusqu'au XXe siècle, les rues étaient éclairées par des bougies ou des lampes à pétrole. Souffler sur les lampadaires plongeait alors la ville dans l'obscurité complète.

En Australie

S'il faut changer une ampoule dans un hôtel de l'État du **Victoria**, ne touchez surtout pas à la lampe, et attendez la venue d'un réparateur reconnu par l'État, même si vous êtes dans le noir. Seuls les électriciens qualifiés sont en effet habilités à changer les ampoules. Une loi certainement inspirée par des esprits... éclairés.

En Argentine

Une loi stipule que les discothèques doivent diffuser la même proportion de tango que tous les autres genres de musiques cumulés. Pas question de sacrifier la danse nationale au profit d'autres courants.

Aux États-Unis

Depuis 1986, les autorités ont le droit d'accéder sans mandat à n'importe quel e-mail datant de moins de 180 jours.

En Californie

Le livre *L'Exorciste* a été banni à **Aurora**.

En France

À l'initiative de Michèle Alliot-Marie, alors garde des Sceaux, une circulaire a été élaborée en 2010, destinée à lutter contre l'un des moyens les plus efficaces de la contestation des États par les sociétés civiles, à savoir le boycott.

La Chancellerie a alors affirmé que tout appel au boycott des produits d'un autre pays n'était qu'une « provocation publique à la discrimination envers une nation », et serait passible d'un an d'emprisonnement et de 45 000 euros d'amende.

L'interdiction de trop

En 1950, l'**Inde** ne put participer à la Coupe du monde de football pour laquelle elle était pourtant qualifiée.

La raison ? Peu banale. Trois ans après l'indépendance, les joueurs indiens avaient l'occasion, pour la première fois, de représenter leur nation à la Coupe du monde.

Problème : les Indiens souhaitaient jouer pieds nus, ce qui est interdit par le règlement. Leur participation leur fut donc refusée, le rêve s'arrêta là… Le Mondial se joua entre 13 équipes et non 14, comme prévu initialement. Quant à l'Inde, elle n'eut plus jamais l'occasion de se qualifier en finale…

Sources et remerciements

L'auteur a puisé ou confirmé certaines données relatives à ces interdictions farfelues dans les sites *web* suivants, dont il tient à remercier tout particulièrement les responsables pour leurs informations utiles à l'écriture de ce livre :

bladi.net/forum/threads/decouvrez-lois-insolites-globe.188829/

chezcoraline.com/les_americains_et_les_lois/le-monde_est_fou.htm

de10.com.mx/portada/2013/10-leyes-absurdas-en-mexico-16099.html

directmatin.fr/insolite/2013-08-07/les-lois-les-plus-stupides-du-monde-connaitre-avant-de-voyager-523082

dumblaws.com/

echolalie.org/wiki/index.php?ListeDeLoisEtrangesDansCertainsPaysConcernantLeSexe

europe1.fr/MediaCenter/Emissions/Europe-1-Midi/Sons/Europe-1-midi-Les-lois-obsoletes-15-02-13-1414207/

express.be/joker/fr/platdujour/les-10-interdictions-les-plus-surprenantes-au-monde/193153.htm

frenchdistrict.com/floride/articles/lois-insolite-farfelues-floride/

gentside.com/insolite/top-10-des-lois-les-plus-insolites-en-vigueur-dans-le-monde_art48138.html

grazia.fr/au-quotidien/news/code-de-la-route-les-lois-les-plus-absurdes-au-volant-586514

itthing.com/100-weird-laws-from-around-the-world
koreus.com/modules/news/article2756.html
ledauphine.com/vaucluse/2010/07/25/il-est-efficace-la-preuve-aucun-ovni-ne-vient-ici
lefigaro.fr/actualite-france/2013/02/05/01016-20130205ARTFIG00395-ces-lois-et-autres-arretes-insolites-toujours-en-vigueur.php
lefigaro.fr/vox/societe/2014/02/20/31003-20140220ARTFIG00101-tyrannie-des-normes-la-france-au-bord-de-la-crise-de-nerfs.php?pagination=4
lematin.ch/vivre/societe/Les-interdictions-les-plus-surprenantes-au-monde/story/15980960
linternaute.com/voyage/magazine/ces-interdictions-etonnantes/
maragoyet.blog.lemonde.fr/2013/11/30/des-interdits-vestimentaires-version-longue/
paperblog.fr/414940/etats-unis-le-pays-des-lois-les-plus-folles/
parismatch.com/Actu/International/Un-restaurant-interdit-aux-enfants-518387
publigeekaire.com/2010/05/20-publicites-interdites-france-banneds-commercials-advertising/
secouchermoinsbete.fr/27780-les-7-mots-interdits-a-la-television-americaine
stupid-laws.laws.com/funny-laws
tdg.ch/vivre/societe/Les-interdictions-les-plus-surprenantes-au-monde/story/15980960
thoughtcatalog.com/rachel-hodin/2013/10/67-ridiculous-laws-from-around-the-world-that-still-actually-exist/
v.tomeno2.free.fr/blagues/lois_usa.htm
vadeker.net/articles/humour/lois_stupides.html
whoartnow.hubpages.com/hub/101-Strangest-Laws-From-Around-The-World
womansday.com/sex-relationships/dating-marriage/10-obscure-marriage-laws-in-the-us-110196
youtube.com/watch?feature=player_detailpage&v=CXKPw4w6nIw

L'auteur a également consulté les ouvrages suivants :

KOON, J. et POWELL, A., *You May Not Tie an Alligator to a Fire Hydrant : 101 Real Dumb Laws*, The Free Press, 2002.

Wacky Laws, Weird Decisions & Strange Statutes, Main Street, 2004.

SEGAL, T., *Le Sottisier des lois*, Hors Collection, 2001.

L'auteur tient à remercier Marie Fournier-Montgieux pour sa relecture et ses suggestions pertinentes.

Achevé d'imprimer en Italie par Grafica Veneta
en décembre 2017
Dépôt légal octobre 2014
EAN 9782290093511
OTP L21ELLN000619A004

—

Ce texte est composé en Lemonde journal et en Akkurat

—

Conception des principes de mise en page :
mecano, Laurent Batard

—

Composition : PCA

—

ÉDITIONS J'AI LU
87, quai Panhard-et-Levassor, 75013 Paris
Diffusion France et étranger : Flammarion

Librio

1127